Apfel-glück

REZEPTE
ZUM
GENIESSEN

Jan Thorbecke Verlag

Inhalt

Apfeltarte aus der Normandie

(Für 1 Tarteform, 26 cm Durchmesser)
Für den Boden: 1 Für den Teig: 250 g Mehl, Type 550/ 50 g Zucker/1 Prise Salz/1 Ei/150 g kalte Butter
Für den Belag: 3–4 säuerliche Äpfel/½ Zitrone, Saft/2 Eier/ 1 Eigelb/1 TL Zimtpulver/½ Vanilleschote, Mark/175 ml Sahne/ 50 g Crème fraîche/4 EL Apfelgelee/10 ml Calvados

---

❶ Für den Mürbeteigboden Mehl mit Zucker und Salz auf die Arbeitsfläche häufeln, eine Mulde eindrücken, das Ei hineinschlagen und die Butter in kleinen Stücken am Rand verteilen. Alles mit einem kalten Messer durchhacken, dann zu einem glatten Teig verkneten. Falls nötig, noch ein wenig kaltes Wasser oder Mehl hinzugeben. In Folie gewickelt im Kühlschrank ca. 30 Minuten ruhen lassen. Die Tarteform ausbuttern und mit Mehl bestäuben. Den Teig dünn ausrollen und die Form damit auskleiden. Nochmals ca. 30 Minuten in den Kühlschrank stellen. Den Backofen auf 175 °C vorheizen. ❷ Für den Belag die Äpfel schälen, vierteln, entkernen und in Spalten schneiden. Mit dem Zitronensaft beträufeln. ❸ Die Eier und das Eigelb mit dem Zimt, Vanillemark, Sahne und Crème fraîche gründlich verquirlen. Die Apfelspalten auf dem Kuchenboden verteilen und den Guss darüber geben. Im Ofen ca. 40 Minuten backen. Anschließend auf Umluft umstellen und 10–15 Minuten fertig backen. ❹ Für den Guss das Apfelgelee erwärmen, den Calvados einrühren und den noch heißen Kuchen damit bestreichen. Auskühlen lassen und servieren.
Eventuell die Tarte im Ofen zum Ende der Garzeit mit Backpapier abdecken, damit sie nicht zu dunkel wird.

Apfeltee

(Für 4 Personen)
4 Bio-Äpfel
1 EL Zitronensaft
1 Stück frischer Ingwer, ca. 3 cm
½ Stange Zimt
Honig oder Kandis

❶ Die Äpfel waschen, schälen, entkernen, das Fruchtfleisch in Scheiben oder Stücke schneiden. Vier Apfelschalen für die Garnitur beiseitelegen (mit Zitronensaft beträufeln). ❷ Den Ingwer schälen und in Scheiben schneiden. ❸ Die Apfelschalen, den Ingwer und den Zimt in einen Topf geben, mit Wasser bedecken (ca. 1 l), einmal aufkochen lassen, anschließend ca. 10 Minuten ziehen lassen. ❹ Durch ein Sieb abgießen, mit Honig oder Kandis nach Geschmack süßen und auf Gläser verteilen. Mit den Apfelschalen garniert servieren.

Eierlikör-Apfel-Torte

(Für 1 Springform, 26 cm Durchmesser)

Für den Biskuitboden: 2 Eier/50 g Zucker/1 Prise Salz/ 1 EL Vanillezucker/50 g Mehl/70 g Vollkornmehl/20 g Speisestärke/1 TL Backpulver **Für den Belag:** ½ Päckchen Vanillepuddingpulver/200 ml Apfelsaft/1 Zitrone, Saft/1 Msp Zimtpulver/ 2 EL Zucker/2 kleine, säuerliche Äpfel **Für die Creme:** 6 Blatt Gelatine/2 Eigelb/75 g Zucker/2 EL Zitronensaft/ 150 ml Weißwein/1 TL abgeriebene Zitronenschale/ 400 g Quark/100 ml Eierlikör/200 ml Sahne **Zum Garnieren:** 1 Blatt Gelatine/2 EL Sahne/100 ml Eierlikör/ 1 rotschaliger Apfel/Minzeblättchen

---

❶ Den Backofen auf 180 °C vorheizen und die Kuchenform mit Backpapier auslegen. Die Eier trennen und die Eiweiße mit etwas Zucker und dem Salz steif schlagen, dann den übrigen Zucker und die Eigelbe einrühren. Die übrigen Teig-Zutaten locker unterheben und den Teig in die Form füllen. Glatt streichen und ca. 25 Minuten backen. ❷ Das Puddingpulver mit 3–4 EL Apfelsaft verrühren. Den übrigen Apfelsaft mit Zitronensaft, Zimt und Zucker aufkochen lassen. Die Äpfel schälen und klein würfeln. 2–3 Minuten im Saft köcheln lassen. Das angerührte Puddingpulver einrühren, die Masse aufkochen und abbinden lassen, auf den Tortenboden gießen, verteilen und ca. 1 Stunde kühl stellen. ❸ Die Gelatine einweichen. Die Eigelbe mit Zucker, Zitronensaft und Wein im Wasserbad schaumig schlagen. Die ausgedrückte Gelatine darunterrühren. Die Creme abkühlen lassen. Zitronenschale, Quark und Eierlikör unterziehen, Sahne steif schlagen und unterheben. Die Creme auf den Apfelbelag streichen und 4 Stunden kalt stellen. ❹ Die Gelatine einweichen. Die Sahne erwärmen und die ausgedrückte Gelatine darin auflösen. Mit dem Eierlikör verrühren den Kuchen damit überziehen. 30 Minuten fest werden lassen und mit Apfelspalten und Minze garnieren.

Gewürz-Apfel-Limonade

(Für 4 Personen)
3 Zitronen
3–5 cm Ingwer
1 Hand voll Minze
½ Vanilleschote
2–3 Kardamomkapseln
1 Zimtstange
2–3 Pimentkörner
2 Sternanis
100 g Zucker
600 ml naturtrüber Apfelsaft

---

❶ Den Saft der Zitronen auspressen. Den Ingwer schälen und in feinste Scheiben schneiden. Die Minze abbrausen. Die Vanilleschote längs aufschneiden und den Kardamom anquetschen. ❷ Den Zitronensaft, Ingwer, Minze und die Gewürze mit dem Zucker und 200 ml Wasser erhitzen, nicht kochen lassen. Etwa 15 Minuten ziehen lassen und durch ein Sieb gießen. Auskühlen lassen. ❸ Mit dem kalten Apfelsaft aufgießen und die Limonade servieren.

Granny-Smith-Apfelkuchen

(Für 1 Springform, 24 cm Durchmesser)

Für den Boden: 150 g Mehl/50 g gemahlene Walnüsse/1 Prise Salz/1 Ei/75 g Zucker/150 g kalte Butter **Für den Belag:** 1 kg Granny-Smith-Äpfel/100 ml trockener Weißwein/4 EL Zucker/ 1 Zimtstange/1 Sternanis/2 Gewürznelken/½ unbehandelte Zitrone, Saft **Für die Streusel:** 80 g Vollkornmehl/60 g gemahlene Walnüsse/1 TL Kakaopulver/½ TL Zimtpulver/100 g brauner Zucker/100 g Butter/80 g grob gehackte Walnüsse

---

❶ Für den Mürbeteig das Mehl mit den gemahlenen Walnüssen und dem Salz auf die Arbeitsfläche häufeln. In der Mitte eine Mulde formen und das Ei hineinschlagen. Den Zucker darüberstreuen und auf dem Rand die Butter in Stücken verteilen. Alle Zutaten rasch zu einem glatten Teig verkneten. Zu einer Kugel formen und in Frischhaltefolie gewickelt etwa 30 Minuten kalt stellen. ❷ Für die Füllung die Äpfel schälen, entkernen und würfeln. 250 g Äpfel mit dem Wein, Zucker und Gewürzen in einem Topf zum Kochen bringen. Bei mittlerer Hitze ca. 5 Minuten weich dünsten, danach die Gewürze entfernen und die Apfelmasse pürieren. Mit den restlichen Apfelwürfeln und dem Zitronensaft mischen und abkühlen lassen. ❸ Den Backofen auf 180°C vorheizen. Den Teig auf die Größe der Form ausrollen und die ausgebutterte Springform damit auskleiden. Die Apfelmischung auf dem Teig verteilen. ❹ Für die Streusel das Mehl mit den gemahlenen Walnüssen, Kakao, Zimt, Zucker und kalter Butter zwischen den Händen zu Streuseln zerreiben. Die gehackten Nüsse untermischen und die Streusel über die Äpfel streuen. ❺ Im vorgeheizten Ofen ca. 45 Minuten goldbraun backen. In der Form auskühlen lassen.

Apfel-Rosmarin-Gelee

(Für 5 Gläser à ca. 250 ml)
1 l Apfelsaft, frisch entsaftet
500 g Gelierzucker, 2:1
1 Zitrone, Saft
1–2 Zweige Rosmarin
40 ml Calvados

---

❶ Den Saft durch ein feines Tuch passieren und in einem Topf mit dem Gelierzucker und dem Zitronensaft aufkochen. Etwa 4 Minuten sprudelnd kochen lassen (Gelierprobe durchführen). ❷ Den Topf vom Herd nehmen, den abgezupften Rosmarin und den Calvados einrühren und das Gelee in vorbereite Gläser füllen. ❸ Die Gläser fest verschließen und auf den Kopf gestellt abkühlen lassen. ❹ Während des Abkühlens die Gläser mehrfach drehen, damit sich die Rosmarin-Nadeln hübsch im Glas verteilen.

Apfel-Amarettini-Schichtspeise

(Für 4 Personen)
4 kleine Äpfel
2 EL Honig
40 ml Calvados
½ Zitrone, Saft
1 Vanilleschote
80 g Amarettini
200 g Mascarpone
70 g Quark
50 g Zucker
1 Prise Zimt
1 Prise Kardamom
150 ml Sahne

❶ Die Äpfel schälen, vierteln, entkernen und würfeln. Mit dem Honig, Calvados und Zitronensaft in einen Topf geben. Die Vanilleschote halbieren, eine Hälfte aufschlitzen und hinzugeben. Die Mischung zugedeckt aufkochen, dann vom Herd nehmen und abkühlen lassen. Die Vanilleschote wieder entfernen. ❷ Die Amarettini in einen Gefrierbeutel geben und mit dem Nudelholz grob zerbröseln. ❸ Den Mascarpone mit dem Quark, Zucker, Zimt und Kardamom glatt rühren und die geschlagene Sahne unterziehen. ❹ Dann Amarettini, Creme und Apfelwürfel abwechselnd schichtweise in vier Gläser füllen. ❺ Im Kühlschrank mindestens 30 Minuten ziehen lassen.

Herzhafter Apfelkuchen mit Zwiebeln und Schinken

(Für 4 Personen)

4 Platten Blätterteig, tiefgekühlt/2 Zwiebeln/150 g geriebener Parmesan/100 g Schinkenspeck gewürfelt/2 Eier/100 ml Milch/ 55 g Semmelbrösel/2 große Äpfel

---

❶ Den Backofen auf 170°C vorheizen. Den Blätterteig auftauen lassen. Vier Ofenförmchen (ca. 12 cm Durchmesser) ausbuttern und je eine Blätterteigplatte hineinlegen. ❷ Die Zwiebeln schälen und in dünne Ringe schneiden. Mit dem Parmesan, Speck, Eiern, Milch und Semmelbröseln vermengen. ❸ Die Äpfel waschen, vierteln, entkernen und in Spalten schneiden. ❹ Die Ei-Speck-Mischung auf die Förmchen verteilen und die Apfelspalten darauf legen. ❺ Im vorgeheizten Ofen ca. 30 Minuten goldbraun überbacken.

Apfelkuchen mit Ingwer und Marzipan

(Für 1 Springform, 26 cm Durchmesser)

Für den Teig: ca. 150 g Mehl/75 g gemahlene Haselnüsse/ ½ TL Backpulver/100 g Quark/1 Ei/60 g brauner Zucker/1 EL Vanillezucker/50 g Butter/1 Prise Salz **Für die Füllung:** 4–5 Äpfel/ 1 EL frisch geriebener Ingwer/½ Zitrone, Saft/75 g brauner Zucker/60 g Rum-Rosinen/50 g gehackte Walnüsse/1 TL Zimtpulver **Für das Gitter:** 1 Ei/150 g Marzipanrohmasse/2–3 EL Mehl

---

❶ Das Mehl mit den Haselnüssen und dem Backpulver mischen und auf die Arbeitsfläche häufeln. In die Mitte eine Mulde drücken, den Quark und das Ei hineingeben. Die restlichen Teig-Zutaten auf dem Rand verteilen und rasch zu einem Teig verarbeiten. Zu einer Kugel formen, in Frischhaltefolie wickeln und ca. 1 Stunde in den Kühlschrank legen. ❷ Die Äpfel schälen und in schmale Spalten schneiden. In einer Schüssel mit den restlichen Zutaten für die Füllung vermengen. ❸ Den Ofen auf 180 °C Umluft vorheizen. Die Springform fetten. Die Form mit dem Teig auskleiden. Die Äpfel auf dem Boden verteilen und im Ofen ca. 40 Minuten backen. ❹ Für das Gitter das Ei trennen. Das Marzipan mit dem Mehl und dem Eiweiß verkneten und auf einer bemehlten Arbeitsfläche ca. 3 mm dünn ausrollen. Den Teig in ca. 1 cm breite Streifen schneiden. Den Kuchen aus dem Ofen nehmen und mit den Teigstreifen gitterartig belegen. Mit dem Eigelb bestreichen und zurück im Ofen 15–20 Minuten goldbraun fertig backen. ❺ Aus dem Ofen nehmen, auskühlen lassen, dann aus der Form nehmen.

Crêpes mit Äpfeln in Salzkaramell

(Für 4 Personen)

Für die Crêpes: 2 Eier/300 ml Milch/150 g Mehl/1 EL Zucker
Für die Äpfel: 4 säuerliche Äpfel, z. B. Boskop/50 g Butter/
2 EL Honig/1 Msp. Vanillemark/1 Prise Meersalz/20 ml Calvados

---

❶ Für die Crêpes Eier, Milch, Mehl und Zucker zu einem glatten Teig verrühren und ca. 30 Minuten ruhen lassen. ❷ Die Äpfel schälen, vierteln, entkernen und in Spalten schneiden. ❸ Die Butter in einer Pfanne aufschäumen, den Honig, das Vanillemark und das Salz zugeben und die Äpfel hineinlegen. Für ca. 5 Minuten unter Schwenken dünsten. Den Calvados angießen und einköcheln lassen. ❹ Den Backofen auf 50°C vorheizen. ❺ Zum Ausbacken der Crêpes etwas Butter in einer Pfanne erhitzen und aus dem Teig darin nacheinander 8 dünne Pfannkuchen braten. Dazu mit einem Schöpfer etwas Teig in die Pfanne geben, schwenken, bis der Boden dünn mit Teig bedeckt ist, und 1–2 Minuten anbacken. Anschließend wenden, 1–2 Minuten fertig backen und aus der Pfanne nehmen. Nacheinander die Pfannkuchen auf einen Teller stapeln und im Ofen warm halten, bis alle ausgebacken sind. ❻ Die Crêpes mit den Äpfel auf Tellern anrichten und nach Belieben mit einem Klecks Crème double servieren.

Apfelchutney

(Für 4 Gläser, à ca. 350 ml)
4 Schalotten/1 kg Äpfel/1 rote Chilischote/150 ml Weinessig/ 1 Lorbeerblatt/½ Zimtstange/70 g Sultaninen/1 EL fein gehackter Ingwer/1 EL Senfkörner/150 g brauner Zucker

❶ Die Schalotten abziehen und klein würfeln. Die Äpfel schälen, vierteln, entkernen und in Würfel schneiden. Die Chilischote waschen, halbieren, entkernen und fein hacken. ❷ Alle Zutaten zusammen mit 200 ml Wasser in einen Topf geben und aufkochen lassen. Etwa 35 Minuten leise köcheln lassen, so dass die Äpfel beginnen zu zerfallen, aber noch leicht stückig bleiben. ❸ Das fertige Chutney abschmecken und in vorbereitete Gläser füllen. Fest verschließen und auskühlen lassen.

Kartoffel-Apfel-Sellerie-Crumble

(Für 4 Personen)
400 g vorwiegend festkochende Kartoffeln/2 Äpfel/
200 g Knollensellerie/½ Zitrone, Saft/200 g Frischkäse/
200 ml Milch/1 EL frisch gehackter Rosmarin/Salz/Pfeffer
aus der Mühle/75 g Haferflocken/50 g Mehl/
75 g altbacken Schwarzbrot/75 g Butter

---

❶ Den Ofen auf 180°C Umluft vorheizen. Eine Auflaufform fetten. ❷ Die Kartoffeln schälen und in Scheiben schneiden. Die Äpfel waschen, entkernen und in Spalten schneiden. Den Sellerie schälen und ebenfalls in Scheiben schneiden. Je nach Größe halbieren oder vierteln. ❸ Alles abwechselnd dachziegelartig in die Auflaufform schichten und sofort mit Zitronensaft beträufeln. ❹ Den Frischkäse mit der Milch und dem Rosmarin glattrühren und mit Salz und Pfeffer kräftig würzen. ❺ Auf dem Apfel-Gemüse verteilen und im Ofen insgesamt ca. 45 Minuten backen (jedoch schon nach 30 Minuten die Brösel darübergeben). ❻ Für die Brösel die Haferflocken mit dem Mehl und zerbröseltem Schwarzbrot unter die geschmolzene Butter mengen. Ca. 15 Minuten vor Ende der Backzeit auf dem Gratin verteilen und knusprig goldbraun fertigbacken. Herausnehmen und in Stücke geschnitten servieren.

Apfelstrudel

(Für 1 Strudel bzw. für 6–8 Stücke)
Für den Teig: 200 g Mehl/1 Ei/1 Prise Salz/2 EL Pflanzenöl,
Für die Füllung: 1 unbehandelte Zitrone/1 ½ kg saure Äpfel, z. B. Boskop/60 g zerlassene Butter/75 g Zucker/80 g Rumrosinen/1 EL Vanillezucker/1 TL Zimtpulver/80 g Mandelstifte/Puderzucker

❶ Für den Teigboden aus dem Mehl, dem Ei, Salz, Öl und ca. 100 ml lauwarmem Wasser einen glatten Teig kneten. Wenn der Teig nicht zusammenhält, noch etwas Wasser hinzugeben. Den Teig zu einer Kugel formen, mit Öl bestreichen und abgedeckt ca. 30 Minuten ruhen lassen. Den Backofen auf 200°C vorheizen. ❷ Für die Füllung die Zitrone heiß waschen, trocken tupfen und die Schale abreiben. Den Saft auspressen. Die Äpfel vierteln, schälen, entkernen und würfeln. In einer Schüssel mit dem Zitronensaft und der abgeriebenen Schale vermengen. ❸ Den Teig auf einer bemehlten Arbeitsfläche ausrollen, auf ein leicht bemehltes Küchentuch legen und hauchdünn ausziehen. ❹ Mit der Hälfte der zerlassenen Butter bestreichen. Die Äpfel gleichmäßig auf dem Teig verteilen, dabei einen 2 cm breiten Rand lassen. Den Zucker mit Rosinen, dem Vanillezucker, dem Zimt und den Mandeln vermischt aufstreuen. Die Teigränder 2 cm nach innen einschlagen und den Strudel mit Hilfe des Tuches aufrollen. ❺ Auf ein mit Backpapier belegtes Backblech heben (Nahtseite nach unten) und mit der restlichen zerlassenen Butter bestreichen. Im vorgeheizten Backofen ca. 45 Minuten goldbraun backen. ❻ Auskühlen lassen, mit Puderzucker bestäuben. Dazu nach Belieben Vanillesauce oder -eis reichen.

Apfelkuchen mit Frischkäsefüllung

(Für 1 Kastenform, 24 cm Länge)

Für den Teig: ½ Würfel Hefe (21 g)/4–5 EL lauwarme Milch/ 2 EL Zucker/250 g Mehl/1 Prise Salz/1 Ei/1 Eigelb/50 g flüssige Butter **Für die Apfelfüllung:** 400 g Äpfel/1–2 EL Honig/1 TL Zitronensaft/½ TL Zimt **Für die Käsefüllung:** 300 g Ricotta/40 g Zucker/ 1 EL Vanillezucker/25 g Speisestärke/1 Ei **Für die Streusel:** 50 g weiche Butter/50 g Zucker/2 EL Mehl/50 g zarte Haferflocken

---

❶ Die Hefe mit Milch und Zucker verrühren und ca. 10 Minuten quellen lassen. Das Mehl mit dem Salz in einer Schüssel mischen. Die Hefe und die übrigen Teig-Zutaten hinzugeben und alles zu einem glatten Teig verkneten. ❷ Den Teig abgedeckt an einem warmen Ort ca. 1 Stunde gehen lassen. ❸ Die Äpfel schälen, entkernen und klein würfeln. Mit Honig, Zitronensaft und Zimt in einen Topf geben und bei mittlerer Hitze 2–4 Minuten weich dünsten. Danach abkühlen lassen. ❹ Die Zutaten für die Käsefüllung zusammen glatt rühren. ❺ Den Backofen auf 180°C vorheizen. Die Kastenform ausbuttern und mit Mehl bestäuben. Den Hefeteig zu einem Rechteck von 40 cm x 50 cm ausrollen. Mit dem Teig die Form auskleiden und ihn an den Oberseiten nach außen hängen lassen. ❻ Die Apfelfüllung hineingeben und glatt streichen. Darauf die Käsemasse verteilen. ❼ Den Teig darüberschlagen, sodass die Käsefüllung komplett bedeckt ist. Den Kuchen ca. 10 Minuten ruhen lassen. ❽ Die trockenen Streuselzutaten mit der geschmolzenen Butter übergießen und durchkneten. Über den Kuchen geben, alles 45 Minuten backen. In der Form abkühlen lassen.

Brown Betty

(Für 4 Personen)
2 Orangen/1 Zitrone/5 säuerliche Äpfel, z. B. Boskop/
½ TL Zimtpulver/6 EL brauner Zucker/ca. 150 g altbackenes Brot,
z. B. Weißbrot, Dinkelbrot/70 g flüssige Butter

❶ Den Backofen auf 200°C vorheizen. Eine Auflaufform mit Butter auspinseln. ❷ Für die Fruchtschicht eine Orange schälen und das Fruchtfleisch klein würfeln. Die zweite Orange zusammen mit der Zitrone auspressen. Die Äpfel waschen und schälen. Einen Apfel fein raspeln und mit dem Saft und den Orangenwürfeln mischen. Die übrigen Äpfel grob würfeln und untermengen. Mit dem Zimt und 4 EL Zucker vermischen und in die Backform einfüllen. ❸ Für die Teigschicht das Brot in kleine Stückchen zupfen und etwa die Hälfte davon im Blitzhacker zu Krümeln mahlen. Die Brotstückchen, die Krümel, den übrigen Zucker und die Butter locker vermengen und über die Äpfel streuen. ❹ In den Ofen schieben und 30–40 Minuten goldbraun backen. Warm servieren und z. B. Vanilleeis dazu reichen.

Apfelkuchen aus Schweden

(Für 1 Springform; ca. 26 cm)

Für den Teig: Butter und Semmelbrösel, für die Form/200 g weiche Butter/200 g Zucker/2 EL Vanillezucker/3 Eier/½ TL abgeriebene Zitronenschale/100 g Quark/350 g Mehl/50 g Stärke/3 TL Backpulver/100 g geschälte, gemahlene Mandeln/Milch, nach Bedarf **Für den Belag:** 800 g säuerliche Äpfel/2 EL Zitronensaft/50 g Butter/2 EL Zimt-Zucker

❶ Den Backofen auf 160°C Umluft vorheizen. Eine Springform fetten und mit Semmelbröseln ausstreuen. ❷ Die Butter mit dem Zucker und dem Vanillezucker schaumig schlagen. Die Eier mit der abgeriebenen Zitronenschale nach und nach unterschlagen und schaumig rühren. Den Quark unterrühren. ❷ Das Mehl mit der Stärke, dem Backpulver und den Mandeln vermischen und unter die Eiermasse rühren. Sollte der Teig zu fest sein, etwas Milch unterrühren. ❹ Die Äpfel waschen, schälen, vierteln, entkernen, in Stücke schneiden und mit Zitronensaft beträufeln. ❺ Den Teig in die Springform füllen, mit den Äpfeln belegen und die Butter in Flöckchen darauf verteilen. ❻ Im Ofen 50–60 Minuten backen. Herausnehmen, 5 Minuten in der Form abkühlen lassen, den Rand vorsichtig mit einem scharfen Messer lösen und den Kuchen aus der Form nehmen. ❼ Auf einem Kuchengitter auskühlen lassen und mit Zimt und Zucker bestreuen. Die Kuchenstücke mit einer Kugel Vanilleeis servieren.

Tarte Tatin – Apfelkuchen verkehrt

(Für 1 Tarteform, 28 cm Durchmesser)
Für den Teig: 200 g Mehl/1 Prise Salz/1 TL Zucker/
100 g Butter/1 Ei **Für den Belag:** 1 kg kleine Äpfel,
z. B. Cox Orange oder Elstar/60 g Butter/60 g Puderzucker

❶ Für den Teig Mehl, Salz, Zucker, Butter und Ei verkneten und in Frischhaltefolie gewickelt ca. 30 Minuten in den Kühlschrank legen. Die Äpfel schälen, vierteln und das Kernhaus herausschneiden. ❷ Für das Karamell in einer beschichteten Pfanne die Butter schmelzen. Den Puderzucker unterrühren und leicht karamellisieren lassen. Die Apfelspalten hinzugeben, daruntermischen und ca. 15 Minuten lang mitgaren lassen. ❸ Den Ofen auf 200°C Umluft vorheizen. Die Tarteform mit den karamellisierten Apfelspalten auslegen. Den Mürbteig etwas größer als die Form ausrollen und wie einen Deckel auf die Apfelspalten in der Form legen. Den Teigrand nach innen zwischen Formrand und Äpfel klappen und leicht andrücken. Im vorgeheizten Ofen ca. 20 Minuten goldbraun backen. ❹ Aus dem Ofen nehmen und etwa 10 Minuten abkühlen lassen. Dann den Rand mit einem kleinen Messer lösen und die Tarte mit Hilfe einer Kuchenplatte stürzen.

Bratapfel

(Für 4 Personen)
4 reife Äpfel, z. B. Boskop
30 g Marzipanrohmasse
20 ml Orangenlikör
40 g Walnusskerne
50 g gemahlene Haselnüsse
2 EL Rum-Rosinen
1 Eiweiß
1–2 EL Vanillezucker
gemahlener Zimt, zum Bestäuben
Butter, für die Form

---

❶ Den Ofen auf 180°C Umluft vorheizen. ❷ Die Äpfel waschen und einen Deckel abschneiden. Das Kernhaus ausstechen und die Äpfel leicht aushöhlen, dabei einen Rand stehen lassen. ❸ Das Marzipan mit dem Likör in einer kleinen Schüssel mit einer Gabel zerdrücken. Die Walnusskerne hacken und mit den Haselnüssen und Rosinen zum Marzipan geben. ❹ Das Eiweiß mit dem Vanillezucker steif schlagen und unter die Nussmasse ziehen. ❺ Die Masse in die ausgehöhlten Apfelhälften füllen, die „Deckel" darauf setzen und in eine gebutterte Auflaufform setzen. ❻ Im Ofen ca. 25 Minuten goldbraun backen und mit Zimt bestäubt servieren.

Zimt-Apfel-Eis

(Für 4 Personen)
500 g Äpfel/100 g Zucker (50 g + 50 g)/2 EL Vanillezucker/
½TL Zimtpulver/½ Zitrone (Saft)/40 ml Mandellikör/
325 ml Milch/75 ml Sahne/2 Eigelb

---

❶ Die Äpfel schälen, entkernen, klein würfeln und mit 50 g Zucker, dem Vanillezucker, Zimt und Zitronensaft in einen Topf geben. Bei kleiner Hitze ca. 5 Minuten weich dünsten. 150 g–200 g Äpfel abnehmen, abkühlen lassen und in den Kühlschrank stellen. Die übrigen Äpfel mit dem Likör vermengen und pürieren. ❷ Die Milch mit der Sahne verrühren und kurz aufkochen, dann vom Herd nehmen. ❸ Die Eigelbe mit dem restlichen Zucker cremig verquirlen, die heiße Sahne-Milch in einem dünnen Strahl hinzugießen und gut verrühren. Im Wasserbad bei kleiner Hitze zu einer leicht cremigen Masse rühren. Dabei auf keinen Fall kochen lassen, da das Eigelb sonst gerinnt. ❹ Die Creme vom Herd nehmen, unter gelegentlichem Rühren etwas abkühlen lassen und das Apfelpüree unterheben. Die Creme mindestens 1 Stunde im Kühlschrank erkalten lassen. ❺ Anschließend in der Eismaschine ca. 30 Minuten cremig gefrieren lassen. In den letzten 3–4 Minuten die Apfelstückchen hinzugeben und unterrühren lassen. ❻ Zum Servieren Kugeln abstechen und nach Belieben mit Zimt, Minze und Apfelspalten garniert servieren. ❼ Wenn Sie keine Eismaschine haben, die Creme im Tiefkühler mindestens 4 Stunden gefrieren lassen. Dabei anfangs am besten alle 15 Minuten durchrühren und die Äpfel in der ersten Stunde unterheben.

Apfeltarte

(Für eine 1 Tarteform, 28 cm Durchmesser)
Für den Teig: ca. 200 g Mehl/60 g Zucker/1 Prise Salz/1 Ei/
125 g Butter **Für den Belag:** 4–5 Äpfel, z. B. Boskop/
2–3 EL Zitronensaft/250 g Quark/1 Eigelb/
50 g Puderzucker/20 ml Calvados/1 TL Speisestärke/
1–2 EL Zucker/Zimtpulver

---

❶ Den Backofen auf 180°C vorheizen. ❷ Für den Teig das Mehl mit dem Zucker und Salz mischen. Auf die Arbeitsfläche häufeln, in der Mitte eine Mulde formen, das Ei hineinschlagen und die Butter in Flöckchen um die Mulde herum verteilen. Mit den Händen rasch zu einem glatten Teig verkneten, diesen zu einer Kugel formen und in Frischhaltefolie gewickelt für 30 Minuten in den Kühlschrank legen. Die Äpfel waschen, vierteln, entkernen und in Spalten schneiden. Mit dem Zitronensaft beträufeln. Die Tarteform ausbuttern. ❸ Den Teig ausrollen und die Form damit auslegen, dabei einen Rand formen. Für den Belag den Quark mit dem Eigelb, dem Puderzucker, Calvados und der Speisestärke verrühren. Die Quarkcreme auf den Teigboden streichen. Die Apfelspalten auf dem Boden fächerartig verteilen und im vorgeheizten Ofen ca. 40 Minuten goldbraun backen. Die fertige Tarte mit Zucker und Zimt bestreuen und noch lauwarm oder abgekühlt servieren.

Pikante Apfelsuppe mit Speck und Majoran

(Für 4 Personen)

1 Zwiebel/250 g Knollensellerie/5 säuerliche Äpfel, z. B. ELstar/
1 EL Butter/200 ml Apfelwein/ca. 800 ml Gemüsebrühe/
1 EL Butter/50 g Speckscheiben/150 ml Sahne/Salz/Pfeffer, aus der Mühle/2 EL frische Majoranblättchen

❶ Die Zwiebel und den Sellerie schälen und fein würfeln. Vier Äpfel schälen, vierteln, entkernen und ebenfalls fein würfeln. Die Zwiebelwürfel mit dem Sellerie in einem Topf mit der Butter andünsten, die Apfelwürfel zugeben und kurz mitdünsten. ❷ Mit dem Apfelwein ablöschen und mit Gemüsebrühe aufgießen. Ca. 25 Minuten bei geschlossenem Deckel köcheln lassen. ❸ Den übrigen Apfel waschen, vierteln, entkernen und in Spalten schneiden. Die Butter in einer Pfanne erhitzen und den Speck darin kross anbraten. Herausnehmen und auf Küchenkrepp abtropfen lassen. Die Apfelspalten zugeben und in dem restlichen Speckfett in der Pfanne etwa 5 Minuten braun werden lassen. Herausnehmen und beiseite stellen. ❹ Die Suppe pürieren, mit der Sahne aufgießen und erhitzen. Mit Salz und Pfeffer abschmecken. Die Suppe in Schälchen füllen und mit dem Speck, den gebratenen Äpfeln und den Majoranblättchen garniert servieren.

Apfelkonfitüre mit Walnüssen

(Für 4 Gläser, à ca. 250 g)
800 g Äpfel
200 ml Orangensaft
1 Vanilleschote
500 g Gelierzucker, 2:1
60 g Walnusskerne

---

❶ Die Äpfel waschen, schälen, entkernen und klein würfeln. Mit dem Orangensaft in einem großen Topf vermischen. Die Vanilleschote längs aufschneiden, das Mark herausschaben und mit der Schote zu den Äpfeln geben. Den Zucker untermengen und abgedeckt ca. 2 Stunden ziehen lassen. ❷ Die Nüsse grob hacken. Die Apfelmischung zum Kochen bringen und ca. 4 Minuten unter Rühren sprudelnd köcheln lassen. ❸ Wenn die Gelierprobe gelingt, die Vanilleschote herausnehmen und die Konfitüre in heiß ausgespülte Gläser einfüllen. Ca. 10 Minuten auf den Kopf stellen, wenden und auskühlen lassen.

Apfel-Heidelbeer-Pfannkuchen

(Für 4 Personen)
4 Eier
4 EL Mehl
4 TL Zucker
200 ml Milch
Salz
4 Äpfel
1–2 EL Zitronensaft
4 TL Butter
150 g Heidelbeeren
Zucker zum Bestreuen

---

❶ Die Eier aufschlagen, das Mehl, den Zucker, die Milch und Salz hinzufügen und zu einem glatten Teig verrühren. 30 Minuten quellen lassen. ❶ Die Äpfel schälen und mit einem Apfelausstecher entkernen. In dünne, runde Scheiben schneiden und mit Zitronensaft beträufeln. ❸ In einer Pfanne jeweils 1 TL Butter schmelzen lassen, ein Viertel der Apfelscheiben hineingeben und ca. ein Viertel vom Pfannkuchenteig hinzugeben. Dann mit 1–2 EL Beeren bestreuen und bei geringer Hitze jede Seite 1–2 Minuten goldbraun backen. Mit Hilfe eines Tellers wenden und auf der zweiten ebenso goldbraun backen. ❹ Die fertigen Pfannkuchen nach Belieben im Backofen bei 80°C warm halten und auf die gleiche Weise weitere Pfannkuchen herstellen. ❺ Die Apfel-Heidelbeer-Pfannkuchen auf Teller verteilen und mit Zucker bestreut noch warm servieren.

Brombeer-Apfel-Crumbles

(Für 4 Personen)
250 g Brombeeren
2 säuerliche Äpfel
40 ml Orangenlikör oder Orangensaft
2 EL flüssiger Honig
75 g Mehl
50 g gehackte Mandeln
50 g gehackte Erdnüsse
100 g Butter
50 g brauner Zucker
1 Prise Salz

---

❶ Für die Fruchtmasse die Brombeeren waschen, putzen und trocken tupfen. Die Äpfel schälen, vierteln und klein würfeln. Mit den Brombeeren, dem Likör und dem Honig vermengen und in 4 ofenfeste Tassen oder Schälchen füllen. ❷ Den Ofen auf 180°C Umluft vorheizen. ❸ Für den Belag das Mehl mit den Mandeln, Erdnüssen, Butter, Zucker und Salz zu krümeligen Streuseln verarbeiten und über die Früchte streuen. ❹ Im vorgeheizten Backofen ca. 20 Minuten goldbraun backen.

Karamelläpfel

(Für 8 Stück)
6 Äpfel, z. B. Cox Orange
500 g Zucker
1 TL Apfelessig

---

❶ Die Äpfel waschen, abtrocknen, den Stiel entfernen und an dessen Stelle je ein Holzstäbchen hineinstecken. ❷ Den Zucker mit 150 ml Wasser und dem Essig in einem kleinen Topf rasch aufkochen und sprudelnd goldbraun karamellisieren lassen. Der Zucker sollte unbedingt kurz über 145 °C haben (Zuckerthermometer!), sonst wird er auf dem Apfel nicht hart! ❸ Den Topf sofort vom Herd ziehen. Die Äpfel nacheinander hineintauchen, drehen und wenden, bis sie völlig vom Sirup überzogen sind, auf Pergamentpapier setzen und fest werden lassen.

Schichtdessert mit Apfelpüree, Joghurt und Karamell

(Für 4 Personen)
1 TL Speisestärke/70 ml Orangensaft/1 EL Vanillezucker/
2–3 Äpfel/150 ml Apfelsaft/1–2 EL Honig/
1 Prise Kardamom, gemahlen/150 g griechischer Joghurt/
2 EL Puderzucker/ca. 75 g Ingwerkekse/½ TL abgeriebene
Orangenschale/6–8 EL Karamellsauce

---

❶ Die Stärke mit 2 EL Orangensaft und dem Vanillezucker anrühren. ❷ Die Äpfel schälen und klein würfeln. Mit Apfelsaft, Honig, Kardamom und 4 EL Orangensaft aufkochen lassen und einige Minuten weich köcheln lassen. ❸ Die angerührte Stärke unter Rühren zu den Äpfeln geben und gut untermischen. Unter weiterem Rühren leicht binden lassen, dann vom Feuer nehmen und abkühlen lassen. ❹ Den Joghurt mit dem Puderzucker glatt rühren. ❺ Die Ingwerkekse im Gefrierbeutel mit dem Nudelholz zu feinen Krümeln zerstoßen. 1–2 EL abnehmen und mit übrigem Orangensaft und dem Orangenabrieb vermischen. ❻ Etwas vom Apfelkompott in vier Gläser verteilen. Darauf die Ingwer-Krümel streuen und mit etwa 2 EL Joghurt bedecken. Darauf die Karamellsauce verteilen und das übrige Apfelkompott darüberschichten. Den restlichen Joghurt daraufgeben. ❼ Vor dem Servieren mindestens 1 Stunde in den Kühlschrank stellen. Zum Garnieren mit den Orangen-Keks-Bröseln bestreuen.

Vollkorn-Apfelkuchen mit Pistazien

(Für 1 Backblech, 30x40 cm bzw. für ca. 20 Stück)

1 kg säuerliche Äpfel
1 unbehandelte Limette, Saft und Schale
300 g Dinkelvollkornmehl
2 TL Backpulver
1 Prise Salz
5 Eier
275 g Zucker
2 EL Vanillezucker
125 ml Rapsöl
4–5 EL Orangensaft
3–4 EL Aprikosenmarmelade
60 g Pistazienkerne

---

❶ Die Äpfel waschen, entkernen und in Spalten schneiden. Mit dem Limettensaft beträufeln. ❷ Den Backofen auf 180°C vorheizen und das Backblech mit Backpapier belegen. ❸ Das Mehl mit dem Backpulver und dem Salz mischen. Die Eier mit dem Zucker und dem Vanillezucker schaumig schlagen. Unter weiterem Rühren das Öl, Limettenabrieb und Orangensaft unterrühren. Die Mehlmischung hinzugeben und rasch unterrühren. ❹ Den Teig auf dem Blech verstreichen und mit den Äpfeln belegen. Im Ofen 30–40 Minuten goldbraun backen. ❺ Anschließend etwas abkühlen lassen. Die Marmelade erwärmen und den Kuchen damit bestreichen. Die Pistazien klein hacken und darüber streuen. Den Kuchen auskühlen lassen und in Stücke geschnitten servieren.

Apfel-Tomaten-Chutney

(Für 6 Gläser, à ca. 600 ml Inhalt)
1 ½ kg Tomaten
3 Paprikaschoten, rot, gelb, grün
20–30 g frischer Ingwer
200 g Knollensellerie
8 Zwiebeln, ca. 500 g
1 kg säuerliche Äpfel
1 Zitrone, Saft
150 g getrocknete Aprikosen
100 g Sultaninen
250 ml Obstessig
20 g Salz
250 g brauner Zucker

❶ Die Tomaten mit kochendem Wasser überbrühen, häuten, Stielansätze entfernen und das Fruchtfleisch würfeln. Die Paprika waschen, putzen und würfeln. Den Ingwer schälen und fein reiben. Den Sellerie und die Zwiebeln schälen und beides klein würfeln. Die Äpfel waschen, entkernen und würfeln. Mit dem Zitronensaft vermischen. Die Aprikosen vierteln. ❷ Die Tomaten, Paprika, Ingwer, Sellerie, Zwiebeln, Äpfel, Aprikosen und Sultaninen in einem großen Topf mischen. Den Essig, das Salz und ca. 75 ml Wasser hinzugeben und zum Kochen bringen. Den Zucker untermischen und unter gelegentlichem Rühren bei kleiner Hitze ca. 1 Stunde kochen lassen. ❸ Anschließend abschmecken und sofort in heiß ausgespülte Schraubgläser füllen. Die Gläser gut verschließen, und auf den Kopf stellen, so ca. 15 Minuten abkühlen lassen. Wenden und auskühlen lassen.

Apfelküchle mit Salbei

(Für 4 Personen)
2 Eier
200 g Mehl
300 ml trockener Weißwein
2 EL zerlassene Butter
½ TL frisch gehackter Salbei
1 Msp Vanillemark
Salz
1 EL Zucker
3 säuerliche Äpfel
Fett zum Frittieren
Puderzucker
Salbeiblüten zum Garnieren

---

❶ Die Eier trennen. Das Mehl mit dem Weißwein in einer Schüssel glatt rühren. Die Eigelbe, Butter, Salbei und das Vanillemark unterrühren. ❷ Das Eiweiß mit 1 Prise Salz steif schlagen, dabei den Zucker einrieseln lassen. Den Eisschnee unter den Weinteig heben. ❷ Inzwischen das Frittierfett in der Fritteuse (oder einem Topf) auf etwa 170 °C erhitzen. ❹ Die Äpfel schälen und das Kerngehäuse herausstechen. Die Äpfel in etwa 1 cm dicke Ringe schneiden. ❺ Die Apfelringe nacheinander durch den Ausbackteig ziehen. Etwas abtropfen lassen und im heißen Fett 2–3 Minuten goldbraun ausbacken, dabei einmal wenden. ❻ Die gebackenen Apfelringe auf Küchenkrepp abtropfen lassen. Mit Puderzucker bestäuben und mit Salbeiblüten garniert servieren.

Apfeltörtchen

(Für 8 Tarteletts, Durchmesser 6 cm)
Für den Teig: 200 g Mehl/2 EL Zucker/1 Ei/ 120 g Butter/ getrocknete Hülsenfrüchte, zum Blindbacken
Für die Füllung: 3 Eier/150 ml Sahne/2 EL Zucker/2 reife Äpfel/ 2 EL Zitronensaft/1 Dose Babyäpfel (Kirschäpfel), 410 g/ 3 EL Schokoherzen, zum Garnieren

❶ Auf der Arbeitsfläche das Mehl aufhäufeln, in eine Mulde in der Mitte den Zucker geben und das Ei aufschlagen, die kalte Butter in Stücken auf dem Mehl verteilen. Diese Zutaten zügig mit einem kalten Messer durchhacken und zu einem Teig verkneten, zu einer Kugel formen und für 30 Minuten in den Kühlschrank stellen. ❷ Den Backofen auf 180°C vorheizen. Inzwischen für die Füllung die Eier mit der Sahne und dem Zucker verquirlen. Die zwei Äpfel schälen, vierteln, entkernen und in Spalten schneiden. Sofort mit Zitronensaft beträufeln. ❸ Den Teig auf einer bemehlten Arbeitsfläche dünn ausrollen und Kreise (Durchmesser ca. 10 cm) ausstechen. Die Tartelettförmchen ausbuttern und mit dem Teig auskleiden. Die Tarteletts mit Backpapier und Hülsenfrüchten belegen und im vorgeheizten Ofen 10 Minuten blindbacken. ❹ Herausnehmen, die Sahne-Ei-Masse auf den Tarteletts verteilen und weitere 5 Minuten backen. Erneut herausnehmen und mit den Apfelspalten und den Babyäpfeln belegt goldbraun zu Ende backen (ca. 10 Minuten). Herausnehmen, kurz auskühlen lassen, die Tarteletts stürzen und mit Schokoherzen garniert servieren.

VERLAGSGRUPPE PATMOS

PATMOS
ESCHBACH
GRÜNEWALD
THORBECKE
SCHWABEN

Die Verlagsgruppe
mit Sinn für das Leben

MIX
Papier aus verantwortungsvollen Quellen
FSC® C095359
www.fsc.org

Für die Schwabenverlag AG ist Nachhaltigkeit ein wichtiger Maßstab ihres Handelns. Wir achten daher auf den Einsatz umweltschonender Ressourcen und Materialien.

www.thorbecke.de

Gestaltung: Finken und Bumiller, Stuttgart, Saskia Bannasch
Umschlagabbildung: © Stockfood; Castilho, Rua
Fotos im Innenteil: Stockfood
Druck: Himmer AG, Augsburg

Hergestellt in Deutschland
ISBN 978-3-7995-0668-7

Bildnachweis:
Alle Bilder: © Stockfood und die folgenden Urheber: S. 5: Jean-Christophe Riou, S. 6: Eising Studio – Food Photo & Video; S. 8: Claudia Timmann, S. 11: Karl Newedel, S. 12: Grasshouse Images, S. 15: F. Strauss, S. 17 Eva Hilden Smith; S. 18: Hannah Kompanik; S. 21: Boguslaw Bialy, S. 22: Graefe und Unzer Verlag/Wolfgang Schardt; S. 25: Great Stock!, S. 26: Ulrike Holsten, S. 28: Birgit Twellmann, S. 31: Garrick Peterson, S. 32: Stacy Ventura, S. 35: Winfried Heinze; S. 36: Bernhard Winckelmann, S. 39: Harry Bischof, S. 40: Karl Newedel, S. 42: Castilho, Rua, S. 45: Armin Zogbaum, S. 46: Caspar Carlott, S. 48: Ariane Bille, S. 51: Dave King, S. 52: Kristiy Begg, S. 54: Artfeeder, S. 57: Ina Peters, S. 58: Chris Meier, S. 61: Teubner Foodfoto GmbH, S. 63: Great Stock!